Ella's Adventures: Bilingual Swedish-English Stories for Kids

Pomme Bilingual

Published by Pomme Bilingual, 2024.

ELLA'S ADVENTURES: BILINGUAL SWEDISH-ENGLISH STORIES FOR KIDS

First edition. July 26, 2024.

Copyright © 2024 Pomme Bilingual.

ISBN: 979-8227409652

Written by Pomme Bilingual.

Table of Contents

Ella och Skogen

Det var en gång en modig flicka som hette Ella. Ella bodde i en liten by i Sverige. En dag, när solen sken och fåglarna kvittrade, bestämde sig Ella för att utforska skogen bakom sitt hus.

Skogen var stor och grön. Träden var höga och deras löv var som en grön matta. Ella tog ett djupt andetag och gick in i skogen. Hon var glad och lite nervös.

Först såg hon en liten ekorre som lekte i trädet. Ekorren hade en röd svans och en liten näsa. Ella vinkade till ekorren och sa, "Hej ekorre!"

Ekorren skuttade fram och tillbaka, och Ella skrattade. Hon fortsatte att gå längre in i skogen. Snart såg hon en liten bäck som plaskade och porlade. Vattnet var klart och kallt. Ella stoppade ner sina fötter i bäcken och kände den friska vattnet.

Vid bäcken såg Ella en vänlig groda. Grodan hade stora ögon och hoppade runt. "Hej groda!" ropade Ella. Grodan kvackade glatt och hoppade högt.

Ella gick vidare och kom till en öppning i skogen. Här fanns stora blommor i många färger: röda, gula och blå. Hon plockade några blommor och satte dem i sitt hår. Ella kände sig som en prinsessa.

I skogen fanns också en stor gammal ek. Eken hade många grenar och såg mycket gammal ut. Ella gick fram till eken och såg en liten dörr vid basen. Hon öppnade dörren försiktigt. Inuti dörren fanns en liten hemlig grotta.

I grottan fanns en gammal bok. Ella tog fram boken och öppnade den. Boken var fylld med teckningar av skogen och dess djur. Ella blev mycket glad och började läsa om alla de djur hon hade träffat.

När solen började gå ner och skogen blev mörk, visste Ella att det var dags att gå hem. Hon stängde försiktigt boken och lämnade grottan. Ella gick tillbaka genom skogen, förbi bäcken och under de höga träden.

Hemma var hennes mamma och pappa glada att se henne. Ella berättade för dem om sin dag och om alla de roliga saker hon hade sett. "Jag vill utforska skogen igen," sa Ella, och hennes mamma och pappa log.

Ella gick till sängs med ett leende på läpparna. Hon drömde om skogen och alla de vänner hon hade träffat. Ella visste att varje gång hon gick till skogen, skulle det vara ett nytt äventyr.

Och så slutade Ellas dag. Hon somnade tryggt med tanken på sina framtida äventyr i skogen.

Ella and the Forest

Once upon a time, there was a brave girl named Ella. Ella lived in a small village in Sweden. One day, when the sun was shining and the birds were singing, Ella decided to explore the forest behind her house.

The forest was big and green. The trees were tall, and their leaves were like a green carpet. Ella took a deep breath and walked into the forest. She was happy and a bit nervous.

First, she saw a little squirrel playing in the tree. The squirrel had a red tail and a small nose. Ella waved at the squirrel and said, "Hello, squirrel!"

The squirrel bounced back and forth, and Ella laughed. She continued walking further into the forest. Soon she saw a little stream bubbling and gurgling. The water was clear and cold. Ella dipped her feet in the stream and felt the cool water.

By the stream, Ella saw a friendly frog. The frog had big eyes and hopped around. "Hello, frog!" Ella called out. The frog croaked happily and jumped high.

Ella walked on and came to a clearing in the forest. Here, there were big flowers in many colors: red, yellow, and blue. She picked some flowers and put them in her hair. Ella felt like a princess.

In the forest, there was also a big old oak tree. The oak had many branches and looked very old. Ella walked up to the oak and saw a small door at the base. She opened the door carefully. Inside the door was a small secret cave.

In the cave was an old book. Ella took out the book and opened it. The book was filled with drawings of the forest and its animals. Ella was very happy and began to read about all the animals she had met.

As the sun began to set and the forest grew dark, Ella knew it was time to go home. She gently closed the book and left the cave. Ella walked back through the forest, past the stream and under the tall trees.

At home, her mom and dad were happy to see her. Ella told them about her day and all the fun things she had seen. "I want to explore the forest again," said Ella, and her mom and dad smiled.

Ella went to bed with a smile on her face. She dreamed of the forest and all the friends she had met. Ella knew that every time she went to the forest, it would be a new adventure.

And so ended Ella's day. She fell asleep peacefully with thoughts of her future adventures in the forest.

Ella Bakar en Tårta

Det var en solig morgon i Ellas lilla by i Sverige. Ella vaknade tidigt, hoppade ur sängen och sprang ner till köket. Hon hade en plan. Idag skulle hon baka en tårta!

"God morgon, mamma!" ropade Ella glatt när hon kom in i köket. Hennes mamma log och sa, "God morgon, Ella! Vad vill du göra idag?"

"Jag vill baka en tårta," svarade Ella. Hennes mamma nickade och sa, "Det låter som en utmärkt idé! Låt oss börja."

Ella och hennes mamma samlade alla ingredienser på köksbordet. De behövde mjöl, socker, smör, ägg, mjölk, och choklad. Ella tog fram ett stort receptkort och läste noga.

Först mätte de upp två koppar mjöl. Ella hällde mjölet i en stor skål. Sedan tillsatte de en kopp socker och en halv kopp smör. Ella rörde om med en stor sked. Det var tungt arbete, men Ella log hela tiden.

"Mamma, vad är nästa steg?" frågade Ella. Hennes mamma läste receptkortet och sa, "Nu ska vi tillsätta två ägg och en kopp mjölk."

Ella knäckte försiktigt äggen och hällde i mjölken. Hon rörde om igen. Nu var smeten mjuk och len. Det luktade gott i hela köket. Ella tog en liten sked och smakade på smeten.

"Mmm, det smakar redan bra!" sa Ella och skrattade. Hennes mamma log och sa, "Bra jobbat, Ella. Nu är det dags att tillsätta chokladen."

Ella bröt chokladen i små bitar och lade dem i skålen. Hon rörde om en sista gång. Nu var smeten fylld med chokladbitar. Ella och hennes mamma hällde smeten i en stor bakform.

"Nu ska vi sätta in tårtan i ugnen," sa Ellas mamma. Ella öppnade ugnsluckan och hennes mamma sköt in bakformen. "Hur lång tid tar det?" frågade Ella.

"Det tar ungefär en timme," svarade hennes mamma. "Under tiden kan vi göra glasyren."

Ella och hennes mamma tog fram mer smör, socker och kakao. De blandade allt i en ny skål. Glasyren blev tjock och krämig. Ella kunde inte motstå att smaka en sked.

"Mamma, det här är jättegott!" sa Ella med ett leende. Hennes mamma skrattade och sa, "Ja, glasyren är alltid det bästa!"

När tårtan var färdig i ugnen, tog de ut den och lät den svalna. Ella väntade otåligt. Hon ville dekorera tårtan med glasyren och färgglada strössel.

Efter en stund var tårtan tillräckligt sval. Ella och hennes mamma bredde på glasyren jämnt över hela tårtan. Sedan strödde de strössel över glasyren. Tårtan såg vacker ut och Ella var mycket stolt.

"Mamma, jag kan inte vänta med att smaka på tårtan!" sa Ella. Hennes mamma log och sa, "Låt oss skära en bit och se hur den smakar."

Ella skar en stor bit och satte den på en tallrik. Hon tog en tugga och hennes ögon lyste upp. "Mamma, det här är den bästa tårtan jag någonsin ätit!"

Hennes mamma tog också en tugga och sa, "Du har gjort ett fantastiskt jobb, Ella. Jag är så stolt över dig."

Ella och hennes mamma satt vid köksbordet och njöt av tårtan. Det var en perfekt dag, och Ella visste att hon ville baka fler tårtor i framtiden.

När de var klara, hjälpte Ella till att städa upp köket. Hon tvättade skålar och skedar, och hennes mamma torkade av bordet. De arbetade tillsammans och pratade om vilken typ av tårta de skulle baka nästa gång.

Ella kände sig glad och nöjd. Hon hade lärt sig något nytt och hade haft en underbar tid med sin mamma. När kvällen kom, var Ella trött men lycklig.

Ella gick till sängs och drömde om alla de tårtor hon skulle baka. Hon drömde om frukttårtor, gräddtårtor och till och med en stor födelsedagstårta med ljus.

Nästa morgon vaknade Ella med ett leende på läpparna. Hon visste att varje dag kunde vara ett äventyr, och att baka en tårta var bara början.

Och så slutade ännu en dag i Ellas liv, full av glädje och upptäckter. Ella somnade tryggt, drömmande om framtida bakverk och nya äventyr.

Ella Bakes a Cake

It was a sunny morning in Ella's small village in Sweden. Ella woke up early, jumped out of bed, and ran down to the kitchen. She had a plan. Today she would bake a cake!

"Good morning, Mom!" Ella called out cheerfully as she entered the kitchen. Her mom smiled and said, "Good morning, Ella! What do you want to do today?"

"I want to bake a cake," answered Ella. Her mom nodded and said, "That sounds like an excellent idea! Let's get started."

Ella and her mom gathered all the ingredients on the kitchen table. They needed flour, sugar, butter, eggs, milk, and chocolate. Ella took out a big recipe card and read carefully.

First, they measured two cups of flour. Ella poured the flour into a big bowl. Then they added one cup of sugar and half a cup of butter. Ella stirred with a big spoon. It was hard work, but Ella kept smiling.

"Mom, what's the next step?" asked Ella. Her mom read the recipe card and said, "Now we add two eggs and one cup of milk."

Ella carefully cracked the eggs and poured in the milk. She stirred again. Now the batter was smooth and creamy. It smelled good throughout the kitchen. Ella took a small spoon and tasted the batter.

"Mmm, it already tastes good!" said Ella, laughing. Her mom smiled and said, "Good job, Ella. Now it's time to add the chocolate."

Ella broke the chocolate into small pieces and put them in the bowl. She stirred one last time. Now the batter was filled with chocolate pieces. Ella and her mom poured the batter into a big baking pan.

"Now we put the cake in the oven," said Ella's mom. Ella opened the oven door and her mom slid the pan inside. "How long does it take?" asked Ella.

"It takes about an hour," answered her mom. "In the meantime, we can make the frosting."

Ella and her mom took out more butter, sugar, and cocoa. They mixed everything in a new bowl. The frosting became thick and creamy. Ella couldn't resist tasting a spoonful.

"Mom, this is so delicious!" said Ella with a smile. Her mom laughed and said, "Yes, the frosting is always the best!"

When the cake was done in the oven, they took it out and let it cool. Ella waited impatiently. She wanted to decorate the cake with frosting and colorful sprinkles.

After a while, the cake was cool enough. Ella and her mom spread the frosting evenly over the whole cake. Then they sprinkled the sprinkles over the frosting. The cake looked beautiful and Ella was very proud.

"Mom, I can't wait to taste the cake!" said Ella. Her mom smiled and said, "Let's cut a slice and see how it tastes."

Ella cut a big slice and put it on a plate. She took a bite and her eyes lit up. "Mom, this is the best cake I've ever eaten!"

Her mom took a bite too and said, "You did a fantastic job, Ella. I'm so proud of you."

Ella and her mom sat at the kitchen table and enjoyed the cake. It was a perfect day, and Ella knew she wanted to bake more cakes in the future.

When they were done, Ella helped clean up the kitchen. She washed bowls and spoons, and her mom wiped the table. They worked together and talked about what kind of cake they would bake next time.

Ella felt happy and satisfied. She had learned something new and had a wonderful time with her mom. As evening came, Ella was tired but happy.

Ella went to bed and dreamed of all the cakes she would bake. She dreamed of fruit cakes, cream cakes, and even a big birthday cake with candles.

The next morning, Ella woke up with a smile on her face. She knew that every day could be an adventure, and baking a cake was just the beginning.

And so ended another day in Ella's life, full of joy and discovery. Ella fell asleep peacefully, dreaming of future baking and new adventures.

Ella och Kattungen

———

Det var en solig eftermiddag i Ellas lilla by i Sverige. Ella lekte ute i trädgården när hon hörde ett mjukt jamande. Hon tittade runt och såg en liten kattunge som satt under en buske. Kattungen var vit med svarta fläckar och såg väldigt söt ut.

"Hej där, lilla kattunge!" sa Ella och gick försiktigt fram till busken. Kattungen tittade upp på henne med stora, nyfikna ögon. Ella sträckte ut sin hand och kattungen nosade försiktigt på hennes fingrar. Sedan började kattungen spinna och gnugga sitt huvud mot Ellas hand.

"Åh, du är så söt!" sa Ella och klappade kattungen försiktigt. Hon tittade sig omkring för att se om någon ägde kattungen, men hon såg ingen i närheten. "Du kanske är vilse," sa Ella till kattungen. "Vill du följa med mig hem?"

Kattungen jamade som om den förstod vad Ella sa. Ella lyfte försiktigt upp kattungen och bar den mot huset. När hon kom in i köket ropade hon på sin mamma. "Mamma, mamma, titta vad jag hittade!"

Hennes mamma kom in i köket och såg kattungen i Ellas armar. "Åh, vilken söt kattunge!" sa hon. "Var hittade du den?"

"Den satt under en buske i trädgården," svarade Ella. "Jag tror att den är vilse. Kan vi ta hand om den, snälla?"

Hennes mamma tänkte efter en stund och sa sedan, "Vi kan försöka hitta ägaren först. Men tills dess kan vi ta hand om den."

Ella blev mycket glad. "Tack, mamma!" sa hon och kramade sin mamma. Hon satte ner kattungen på golvet och hämtade en liten skål med mjölk. Kattungen drack mjölken med glädje och Ella skrattade.

Ella och hennes mamma gjorde en liten säng åt kattungen i en gammal korg. De lade en mjuk filt i korgen och kattungen kröp genast ihop och somnade. "Den är så söt när den sover," sa Ella.

Under de kommande dagarna tog Ella och hennes mamma hand om kattungen. De satte upp lappar i byn för att försöka hitta ägaren, men ingen hörde av sig. Ella började hoppas att de skulle få behålla kattungen.

Ella lekte med kattungen varje dag. Hon döpte den till Fläckis på grund av dess svarta fläckar. Fläckis följde efter Ella överallt, både inne och ute. De blev snabbt bästa vänner.

En dag när Ella och Fläckis lekte i trädgården, kom en granne förbi. "Hej Ella," sa grannen. "Jag hörde att ni har hittat en kattunge."

"Ja, det stämmer," svarade Ella. "Har du hört något om vem som äger den?"

"Nej, det har jag inte," sa grannen. "Men jag ville bara säga att ni gör ett bra jobb med att ta hand om den. Den ser mycket glad och frisk ut."

"Tack så mycket," sa Ella och log. Hon var stolt över att hon och hennes mamma hade tagit så bra hand om Fläckis.

En kväll, när Ella låg i sin säng och Fläckis sov vid fotändan, tänkte hon på hur lycklig hon var. "Jag hoppas att vi kan behålla dig för alltid, Fläckis," viskade hon och somnade med ett leende.

Dagarna gick och ingen kom för att hämta Fläckis. Ellas mamma sa till slut, "Det verkar som att vi får behålla Fläckis. Ingen har hört av sig."

Ella blev överlycklig. "Tack, mamma!" sa hon och kramade sin mamma hårt. "Jag lovar att ta hand om Fläckis varje dag."

Från den dagen var Fläckis en del av familjen. Ella och Fläckis gjorde allt tillsammans. De lekte i trädgården, läste böcker och till och med sov tillsammans. Ella kunde inte tänka sig ett liv utan Fläckis.

En dag när Ella kom hem från skolan, hade hennes mamma en överraskning. "Ella, gissa vad jag har hittat?" sa hon och höll fram en liten leksaksmus.

"Vad är det?" frågade Ella nyfiket.

"Det är en leksak till Fläckis," sa hennes mamma. "Jag tror att hon kommer att älska den."

Ella tog leksaksmusen och visade den för Fläckis. Fläckis blev genast intresserad och började leka med den. Ella skrattade och lekte med Fläckis tills det blev kväll.

Ella visste att varje dag med Fläckis skulle vara ett nytt äventyr. Hon var tacksam för att ha en så underbar vän. Och så slutade ännu en dag i Ellas liv, full av glädje och kärlek.

Ella gick till sängs med Fläckis vid sin sida och drömde om alla de äventyr de skulle ha tillsammans. Hon visste att hon och Fläckis skulle vara bästa vänner för alltid.

Ella and the Kitten

It was a sunny afternoon in Ella's small village in Sweden. Ella was playing outside in the garden when she heard a soft meowing. She looked around and saw a little kitten sitting under a bush. The kitten was white with black spots and looked very cute.

"Hello there, little kitten!" said Ella and carefully approached the bush. The kitten looked up at her with big, curious eyes. Ella stretched out her hand and the kitten gently sniffed her fingers. Then the kitten started purring and rubbed its head against Ella's hand.

"Oh, you are so cute!" said Ella and gently petted the kitten. She looked around to see if anyone owned the kitten, but she didn't see anyone nearby. "You might be lost," Ella said to the kitten. "Do you want to come home with me?"

The kitten meowed as if it understood what Ella said. Ella carefully picked up the kitten and carried it towards the house. When she entered the kitchen, she called out to her mom. "Mom, Mom, look what I found!"

Her mom came into the kitchen and saw the kitten in Ella's arms. "Oh, what a cute kitten!" she said. "Where did you find it?"

"It was sitting under a bush in the garden," replied Ella. "I think it's lost. Can we take care of it, please?"

Her mom thought for a moment and then said, "We can try to find the owner first. But until then, we can take care of it."

Ella was very happy. "Thank you, Mom!" she said and hugged her mom. She put the kitten down on the floor and fetched a small bowl of milk. The kitten drank the milk happily and Ella laughed.

Ella and her mom made a little bed for the kitten in an old basket. They put a soft blanket in the basket and the kitten immediately curled up and fell asleep. "It's so cute when it sleeps," said Ella.

In the coming days, Ella and her mom took care of the kitten. They put up flyers in the village to try to find the owner, but no one contacted them. Ella started hoping they would get to keep the kitten.

Ella played with the kitten every day. She named it Spotty because of its black spots. Spotty followed Ella everywhere, both inside and outside. They quickly became best friends.

One day when Ella and Spotty were playing in the garden, a neighbor walked by. "Hello, Ella," said the neighbor. "I heard you found a kitten."

"Yes, that's right," replied Ella. "Have you heard anything about who might own it?"

"No, I haven't," said the neighbor. "But I just wanted to say that you are doing a great job taking care of it. It looks very happy and healthy."

"Thank you so much," said Ella, smiling. She was proud that she and her mom had taken such good care of Spotty.

One evening, as Ella lay in bed and Spotty slept at the foot of the bed, she thought about how happy she was. "I hope we can keep you forever, Spotty," she whispered and fell asleep with a smile.

Days went by and no one came to claim Spotty. Finally, Ella's mom said, "It looks like we get to keep Spotty. No one has contacted us."

Ella was overjoyed. "Thank you, Mom!" she said and hugged her mom tightly. "I promise to take care of Spotty every day."

From that day on, Spotty was part of the family. Ella and Spotty did everything together. They played in the garden, read books, and even slept together. Ella couldn't imagine life without Spotty.

One day when Ella came home from school, her mom had a surprise. "Ella, guess what I found?" she said, holding out a little toy mouse.

"What is it?" asked Ella curiously.

"It's a toy for Spotty," said her mom. "I think she will love it."

Ella took the toy mouse and showed it to Spotty. Spotty was immediately interested and started playing with it. Ella laughed and played with Spotty until evening.

Ella knew that every day with Spotty would be a new adventure. She was grateful to have such a wonderful friend. And so ended another day in Ella's life, full of joy and love.

Ella went to bed with Spotty by her side and dreamed of all the adventures they would have together. She knew she and Spotty would be best friends forever.

Ella Målar en Tavla

D et var en regnig dag i Ellas lilla by i Sverige. Ella satt vid sitt skrivbord och tittade ut genom fönstret. Dropparna föll tätt och gjorde små ringar i vattenpölarna på gatan. Ella suckade. Hon ville gå ut och leka, men vädret var för dåligt.

"Mamma, vad kan jag göra idag?" frågade Ella och tittade på sin mamma som satt i vardagsrummet och läste en bok.

"Varför inte måla en tavla?" föreslog hennes mamma. "Du har ju dina färger och penslar där borta."

Ellas ögon lyste upp. Hon älskade att måla, men hon hade inte tänkt på det idag. "Det är en bra idé, mamma!" sa hon och sprang iväg för att hämta sina målarfärger och papper.

Ella satte sig vid sitt skrivbord igen och lade ut alla sina färger och penslar. Hon tänkte efter vad hon ville måla. Utanför fönstret såg hon den gråa himlen och regnet, men hon ville måla något färgglatt och gladare.

Hon bestämde sig för att måla en sommaräng med blommor, fjärilar och en stor sol på himlen. Ella tog en pensel och doppade den i gul färg. Hon började med att måla en stor, lysande sol i hörnet av pappret. Solen fick strålar som sträckte sig ut över hela himlen.

Nästa steg var att måla himlen. Ella valde en klarblå färg och började försiktigt fylla i himlen runt solen. Hon såg till att färgerna smälte ihop så att det såg ut som en riktig himmel.

När himlen var klar, började Ella måla ängen. Hon använde grön färg för att måla gräset. Hon gjorde långa, svepande drag med penseln för att få gräset att se mjukt och vackert ut. Sedan bytte hon till olika färger för att måla blommorna. Röd, gul, blå och lila – ängen fylldes med färgglada blommor i alla möjliga former och storlekar.

Ella koncentrerade sig noga på varje detalj. Hon lade till små blad och stjälkar till blommorna och målade små prickar i mitten av dem för att få dem att se mer levande ut.

När blommorna var klara, tänkte Ella på vad mer som kunde finnas på en sommaräng. Hon bestämde sig för att måla några fjärilar. Hon tog en liten pensel och målade fjärilar i olika färger som flög över ängen. Några hade prickar, andra hade ränder, och alla såg de glada ut.

Efter fjärilarna kom turen till att måla några fåglar. Ella använde svart färg för att måla små fåglar som flög högt uppe på himlen. De var bara små silhuetter, men de gav liv åt hennes tavla.

Ella kände sig nöjd med sitt arbete men tyckte att något saknades. Hon tänkte en stund och bestämde sig sedan för att måla en liten bäck som slingrade sig genom ängen. Hon använde blå färg för att skapa en smal bäck som glittrade i solen.

Efter några timmar var Ellas tavla färdig. Hon ställde sig upp och beundrade sitt arbete. Tavlan var full av färg och liv, precis som hon hade föreställt sig. Ella log stort och ropade på sin mamma.

"Mamma, kom och titta på min tavla!" ropade hon.

Hennes mamma kom in i rummet och såg tavlan. "Åh, Ella, den är fantastisk!" sa hon. "Du har verkligen fångat sommarens skönhet."

"Tack, mamma," sa Ella stolt. "Det var roligt att måla. Jag älskar att använda alla färger och skapa något fint."

Hennes mamma nickade och sa, "Du är verkligen duktig, Ella. Vi kanske ska rama in den och hänga upp den i vardagsrummet."

Ellas ögon lyste upp igen. "Ja, det vill jag!" sa hon. "Det skulle vara fantastiskt!"

De spenderade resten av dagen med att hitta en fin ram till tavlan. När de hade ramat in den, hängde de upp den på en vägg i vardagsrummet. Tavlan lyste upp rummet och fick det att kännas varmt och välkomnande.

Varje gång någon kom på besök, visade Ella stolt upp sin tavla. Alla beundrade hennes arbete och berömde henne för hennes talang.

Dagarna gick och regnet slutade till slut. Solen kom tillbaka och Ella kunde gå ut och leka igen. Men hon fortsatte att måla, inspirerad av naturen runt omkring henne. Varje gång hon satte sig vid sitt skrivbord med sina färger, kände hon samma glädje och skaparlust.

Ella visste att hon alltid skulle älska att måla. Det var hennes sätt att uttrycka sina känslor och fantasier. Och varje tavla hon målade, blev en del av hennes värld, full av färg och liv.

Ella Paints a Picture

It was a rainy day in Ella's small village in Sweden. Ella sat at her desk and looked out the window. The raindrops fell steadily, making small rings in the puddles on the street. Ella sighed. She wanted to go outside and play, but the weather was too bad.

"Mom, what can I do today?" Ella asked, looking at her mom who was sitting in the living room reading a book.

"Why not paint a picture?" her mom suggested. "You have your paints and brushes over there."

Ella's eyes lit up. She loved painting, but she hadn't thought of it today. "That's a great idea, Mom!" she said and ran off to get her paints and paper.

Ella sat down at her desk again and laid out all her paints and brushes. She thought about what she wanted to paint. Outside the window, she saw the gray sky and the rain, but she wanted to paint something colorful and cheerful.

She decided to paint a summer meadow with flowers, butterflies, and a big sun in the sky. Ella took a brush and dipped it in yellow paint. She started by painting a big, bright sun in the corner of the paper. The sun had rays stretching out across the sky.

The next step was to paint the sky. Ella chose a clear blue color and carefully filled in the sky around the sun. She made sure the colors blended so that it looked like a real sky.

When the sky was done, Ella began painting the meadow. She used green paint to create the grass. She made long, sweeping strokes with her brush to make the grass look soft and beautiful. Then she switched to different colors to paint the flowers. Red, yellow, blue, and purple – the meadow was filled with colorful flowers in all shapes and sizes.

Ella concentrated carefully on each detail. She added small leaves and stems to the flowers and painted little dots in the centers to make them look more alive.

When the flowers were done, Ella thought about what else could be in a summer meadow. She decided to paint some butterflies. She took a small brush and painted butterflies in different colors flying over the meadow. Some had spots, others had stripes, and they all looked happy.

After the butterflies, it was time to paint some birds. Ella used black paint to paint small birds flying high in the sky. They were just little silhouettes, but they added life to her painting.

Ella felt satisfied with her work but thought something was missing. She thought for a moment and then decided to paint a little stream winding through the meadow. She used blue paint to create a narrow stream that sparkled in the sun.

After a few hours, Ella's painting was finished. She stood up and admired her work. The painting was full of color and life, just as she had imagined. Ella smiled broadly and called for her mom.

"Mom, come and look at my painting!" she called.

Her mom came into the room and saw the painting. "Oh, Ella, it's wonderful!" she said. "You've really captured the beauty of summer."

"Thank you, Mom," said Ella proudly. "It was fun to paint. I love using all the colors and creating something beautiful."

Her mom nodded and said, "You're really talented, Ella. Maybe we should frame it and hang it in the living room."

Ella's eyes lit up again. "Yes, I'd love that!" she said. "That would be fantastic!"

They spent the rest of the day finding a nice frame for the painting. When they had framed it, they hung it on a wall in the living room. The painting brightened up the room and made it feel warm and welcoming.

Every time someone visited, Ella proudly showed off her painting. Everyone admired her work and praised her for her talent.

Days went by, and the rain finally stopped. The sun came back, and Ella could go out and play again. But she continued to paint, inspired by the nature around her. Every time she sat at her desk with her paints, she felt the same joy and creative spirit.

Ella knew she would always love painting. It was her way of expressing her feelings and fantasies. And every painting she created became a part of her world, full of color and life.

Ella Plockar Jordgubbar

Det var en vacker sommardag i Ellas lilla by i Sverige. Solen sken, fåglarna sjöng och luften var fylld av doften av blommor. Ella vaknade tidigt, full av energi och förväntan. Idag skulle hon och hennes mamma gå och plocka jordgubbar.

"Mamma, är det dags att gå?" ropade Ella från köket medan hon åt sin frukost.

"Ja, Ella, vi ska bara packa vår korg och sedan kan vi gå," svarade hennes mamma leende. Hon packade en stor korg med en filt och några flaskor vatten. "Glöm inte din solhatt, det är mycket sol idag."

Ella tog på sig sin solhatt och sprang ut på verandan. Hon kunde knappt vänta med att komma iväg. De började gå mot jordgubbsfälten som låg i utkanten av byn. Det var en kort promenad, men Ella njöt av varje steg, lyssnande på fågelsången och titta på alla blommor längs vägen.

När de kom fram till jordgubbsfälten, möttes de av synen av rader och åter rader av jordgubbsplantor, fyllda med röda, saftiga jordgubbar. Ella log stort. "Titta, mamma! Så många jordgubbar!"

"Ja, Ella, vi kommer att ha en fest idag!" sa hennes mamma. De gick in på fältet och började plocka jordgubbar. Ella valde de största och rödaste hon kunde hitta och lade dem försiktigt i korgen. Hennes mamma visade henne hur man skulle lyfta bladen för att hitta de bästa bären som gömde sig under.

Ella arbetade flitigt, men hon kunde inte låta bli att smaka på några av de saftiga jordgubbarna. "De är så söta och goda, mamma!" sa hon med en mun full av jordgubbar.

"Ja, de är verkligen utsökta," svarade hennes mamma. "Men vi måste plocka tillräckligt för att göra sylt också."

Ella och hennes mamma fortsatte att plocka i flera timmar. Korgen blev tyngre och tyngre, fylld med de mest perfekta jordgubbarna. De pratade och skrattade, njutande av den varma solen och det roliga arbetet.

När korgen var full, satte de sig på filten för att vila. Ella låg på rygg och tittade upp på himlen. "Jag älskar sommaren, mamma," sa hon drömmande. "Allt är så vackert och roligt."

"Ja, sommaren är verkligen speciell," svarade hennes mamma. "Och det bästa är att vi kan göra så många saker tillsammans."

Efter en stunds vila, började de packa ihop sina saker och gick hemåt. När de kom hem, hjälptes de åt att tvätta och rensa jordgubbarna. Ellas mamma tog fram en stor gryta och började koka jordgubbssylt. Ella hjälpte till med att röra om och tillsätta socker.

"Det luktar så gott, mamma!" sa Ella medan hon rörde om i grytan.

"Ja, det gör det verkligen. Och tänk vad gott det kommer att bli på nybakat bröd," svarade hennes mamma.

När sylten var klar, hällde de upp den i små burkar. Ella hjälpte till att sätta på locken och märka burkarna med dagens datum. "Vi har gjort så mycket sylt, mamma! Vi kan ge några burkar till våra vänner," föreslog Ella.

"Det är en utmärkt idé, Ella. Jag är säker på att de kommer att uppskatta det," svarade hennes mamma.

På kvällen, efter en dag fylld av jordgubbsplockning och syltkokning, satte sig Ella och hennes mamma på verandan med en skiva nybakat bröd och färsk jordgubbssylt. "Det här är det bästa jag någonsin har ätit, mamma," sa Ella med ett leende.

"Jag håller med, Ella. Det smakar ännu bättre när vi har gjort det själva," svarade hennes mamma och kramade henne.

Ella tänkte tillbaka på dagen och kände sig så glad och tacksam. Att plocka jordgubbar hade varit ett äventyr, och att göra sylt med sin mamma hade gjort det ännu mer speciellt. Hon visste att denna sommar skulle vara full av många fler sådana här underbara stunder.

Medan solen gick ner, och himlen färgades rosa och guld, kände Ella att denna dag skulle bli ett av hennes favoritminnen. Hon visste att hon alltid skulle komma ihåg dagen hon plockade jordgubbar med sin mamma och gjorde den godaste sylten.

Ella gick till sängs med ett leende på läpparna och drömde om fler sommaräventyr och de många läckra stunder som skulle komma. Hon visste att så länge hon hade sin mamma vid sin sida, skulle varje dag vara ett nytt och spännande äventyr.

Ella Picks Strawberries

I t was a beautiful summer day in Ella's small village in Sweden. The sun was shining, the birds were singing, and the air was filled with the scent of flowers. Ella woke up early, full of energy and excitement. Today she and her mom were going to pick strawberries.

"Mom, is it time to go?" Ella called from the kitchen as she ate her breakfast.

"Yes, Ella, we just need to pack our basket, and then we can go," her mom replied with a smile. She packed a large basket with a blanket and a few bottles of water. "Don't forget your sun hat; it's very sunny today."

Ella put on her sun hat and ran out onto the porch. She could hardly wait to get going. They started walking towards the strawberry fields on the outskirts of the village. It was a short walk, but Ella enjoyed every step, listening to the birds and looking at all the flowers along the way.

When they arrived at the strawberry fields, they were greeted by the sight of row after row of strawberry plants, filled with red, juicy strawberries. Ella smiled widely. "Look, Mom! So many strawberries!"

"Yes, Ella, we're going to have a feast today!" her mom said. They walked onto the field and started picking strawberries. Ella chose the biggest and reddest ones she could find and gently placed them in the basket. Her mom showed her how to lift the leaves to find the best berries hiding underneath.

Ella worked diligently but couldn't resist tasting some of the juicy strawberries. "They are so sweet and delicious, Mom!" she said with a mouth full of strawberries.

"Yes, they are truly delicious," her mom replied. "But we need to pick enough to make jam as well."

Ella and her mom continued picking for several hours. The basket grew heavier and heavier, filled with the most perfect strawberries. They chatted and laughed, enjoying the warm sun and the fun work.

When the basket was full, they sat down on the blanket to rest. Ella lay on her back and looked up at the sky. "I love summer, Mom," she said dreamily. "Everything is so beautiful and fun."

"Yes, summer is really special," her mom replied. "And the best part is that we can do so many things together."

After a short rest, they began packing up their things and headed home. When they got home, they helped each other wash and hull the strawberries. Ella's mom took out a large pot and started making strawberry jam. Ella helped stir and add sugar.

"It smells so good, Mom!" Ella said as she stirred the pot.

"Yes, it really does. And think how delicious it will be on freshly baked bread," her mom replied.

When the jam was ready, they poured it into small jars. Ella helped put on the lids and label the jars with today's date. "We made so much jam, Mom! We can give some jars to our friends," Ella suggested.

"That's an excellent idea, Ella. I'm sure they will appreciate it," her mom replied.

In the evening, after a day filled with strawberry picking and jam making, Ella and her mom sat on the porch with a slice of freshly baked bread and fresh strawberry jam. "This is the best thing I've ever eaten, Mom," Ella said with a smile.

"I agree, Ella. It tastes even better because we made it ourselves," her mom replied and hugged her.

Ella thought back on the day and felt so happy and grateful. Picking strawberries had been an adventure, and making jam with her mom had made it even more special. She knew that this summer would be full of many more wonderful moments like this.

As the sun set and the sky turned pink and gold, Ella felt that this day would become one of her favorite memories. She knew she would always remember the day she picked strawberries with her mom and made the most delicious jam.

Ella went to bed with a smile on her face and dreamed of more summer adventures and the many delicious moments to come. She knew that as long as she had her mom by her side, every day would be a new and exciting adventure.

Ella Besöker Sin Mormor

Det var en solig morgon när Ella vaknade tidigt i sin lilla by i Sverige. Hon var mycket uppspelt eftersom hon och hennes mamma skulle besöka hennes mormor idag. Mormor bodde i ett litet hus på landet, omgivet av stora trädgårdar och gröna ängar.

"Mamma, är det dags att gå snart?" frågade Ella otåligt medan hon åt sin frukost.

"Ja, Ella, vi ska bara packa våra saker och sedan åker vi," svarade hennes mamma leende. "Vi måste ta med några kakor till mormor. Hon älskar dem."

Ella hjälpte sin mamma att packa en korg med kakor, saft och lite färska frukter. De satte sig sedan i bilen och började sin resa mot mormors hus. Ella satt vid fönstret och tittade på landskapet som susade förbi. Hon älskade att åka till mormor eftersom det alltid var så mycket att se och göra där.

Efter en stunds körning kom de fram till mormors hus. Mormor stod redan utanför och väntade på dem, med ett stort leende på läpparna. "Välkommen, Ella! Vad roligt att se dig!" sa mormor och kramade henne varmt.

"Hej mormor! Jag har saknat dig," svarade Ella och kramade tillbaka.

De gick in i huset och satte sig i köket. Mormor hade redan förberett en god lunch till dem. "Kom och sätt dig, Ella. Jag har gjort din favoritsoppa," sa mormor och log.

"Åh, tack mormor! Jag älskar din soppa," sa Ella och satte sig vid bordet. De åt och pratade om allt möjligt. Mormor berättade historier från när hon var ung och Ella lyssnade fascinerat.

Efter lunchen gick de ut i mormors trädgård. Den var full av blommor, fruktträd och grönsaksland. "Vill du hjälpa mig att plocka äpplen, Ella?" frågade mormor.

"Ja, gärna!" svarade Ella och följde med mormor till äppelträden. De plockade de största och saftigaste äpplena och lade dem i en korg. Ella smakade på ett av äpplena och det var så sött och gott.

"Mormor, dina äpplen är de bästa jag någonsin har smakat," sa Ella med ett leende.

"Det är för att de är plockade med kärlek," svarade mormor och skrattade. "Ska vi baka en äppelpaj senare?"

"Ja, det vill jag!" svarade Ella entusiastiskt. De fortsatte att plocka äpplen tills korgen var full.

Efter att ha plockat äpplen, satte de sig i skuggan av ett stort träd och drack saft. Mormor berättade fler historier och Ella kände sig så glad och trygg. Det var något speciellt med att vara hos mormor.

På eftermiddagen gick de in i köket för att baka äppelpaj. Mormor visade Ella hur man gjorde degen och Ella hjälpte till att skala och skära äpplena. De arbetade tillsammans och hade så roligt.

"Jag tycker om att baka med dig, mormor," sa Ella när de lade de skivade äpplena i pajformen.

"Jag tycker också om att baka med dig, Ella. Du är så duktig," svarade mormor stolt.

När pajen var i ugnen, satte de sig i vardagsrummet och väntade på att den skulle bli klar. Doften av nybakat äppelpaj fyllde huset och Ella kände sig så lycklig. Efter en stund var pajen färdig och de satte sig vid bordet för att smaka på den.

"Det här är den bästa äppelpajen någonsin, mormor!" sa Ella med munnen full av paj.

"Det är tack vare dig, Ella. Vi gjorde den tillsammans," svarade mormor och log.

Efter att ha ätit paj, gick de ut på en promenad i skogen bakom mormors hus. De tittade på fåglar, blommor och allt det vackra naturen hade att erbjuda. Ella sprang runt och samlade fina stenar och blommor.

"Mormor, jag älskar att vara här med dig," sa Ella medan de gick hand i hand på en stig.

"Jag älskar också att ha dig här, Ella. Du gör mina dagar så speciella," svarade mormor och kramade henne.

När solen började gå ner, gick de tillbaka till huset. Ella var trött men så lycklig. Hon hade haft en underbar dag med sin mormor. De satte sig på verandan och tittade på solnedgången. Färgerna på himlen var så vackra och Ella kände sig så tacksam för dagen.

"Mormor, tack för en fantastisk dag. Jag kommer aldrig att glömma den," sa Ella.

"Det var min glädje, Ella. Du är alltid välkommen här. Jag älskar dig," svarade mormor och kramade henne.

Ella gick till sängs den kvällen med ett leende på läpparna. Hon drömde om alla de roliga saker hon hade gjort med sin mormor och såg fram emot nästa besök. Hon visste att varje stund med mormor var speciell och att de hade många fler äventyr framför sig.

Ella Visits Her Grandma

It was a sunny morning when Ella woke up early in her small village in Sweden. She was very excited because she and her mom were going to visit her grandma today. Grandma lived in a small house in the countryside, surrounded by large gardens and green meadows.

"Mom, is it time to go soon?" Ella asked impatiently while eating her breakfast.

"Yes, Ella, we just need to pack our things, and then we'll go," her mom replied with a smile. "We need to bring some cookies for grandma. She loves them."

Ella helped her mom pack a basket with cookies, juice, and some fresh fruits. They then got into the car and started their journey to grandma's house. Ella sat by the window, watching the landscape fly by. She loved going to grandma's because there was always so much to see and do there.

After a while, they arrived at grandma's house. Grandma was already outside waiting for them, with a big smile on her face. "Welcome, Ella! It's so good to see you!" grandma said and hugged her warmly.

"Hi, grandma! I've missed you," Ella replied and hugged her back.

They went into the house and sat in the kitchen. Grandma had already prepared a delicious lunch for them. "Come and sit, Ella. I've made your favorite soup," grandma said with a smile.

"Oh, thank you, grandma! I love your soup," Ella said and sat at the table. They ate and talked about all sorts of things. Grandma told stories from when she was young, and Ella listened fascinated.

After lunch, they went out to grandma's garden. It was full of flowers, fruit trees, and vegetable patches. "Do you want to help me pick apples, Ella?" grandma asked.

"Yes, please!" Ella replied and followed grandma to the apple trees. They picked the biggest and juiciest apples and placed them in a basket. Ella tasted one of the apples, and it was so sweet and delicious.

"Grandma, your apples are the best I've ever tasted," Ella said with a smile.

"That's because they're picked with love," grandma replied and laughed. "Shall we bake an apple pie later?"

"Yes, I'd love that!" Ella answered enthusiastically. They continued picking apples until the basket was full.

After picking apples, they sat in the shade of a large tree and drank juice. Grandma told more stories, and Ella felt so happy and safe. There was something special about being at grandma's.

In the afternoon, they went into the kitchen to bake an apple pie. Grandma showed Ella how to make the dough, and Ella helped peel and slice the apples. They worked together and had so much fun.

"I love baking with you, grandma," Ella said as they placed the sliced apples in the pie crust.

"I love baking with you too, Ella. You're so good at it," grandma replied proudly.

When the pie was in the oven, they sat in the living room and waited for it to bake. The smell of freshly baked apple pie filled the house, and Ella felt so happy. After a while, the pie was ready, and they sat at the table to taste it.

"This is the best apple pie ever, grandma!" Ella said with her mouth full of pie.

"That's thanks to you, Ella. We made it together," grandma replied with a smile.

After eating the pie, they went for a walk in the forest behind grandma's house. They looked at birds, flowers, and all the beautiful things nature had to offer. Ella ran around collecting pretty stones and flowers.

"Grandma, I love being here with you," Ella said as they walked hand in hand along a path.

"I love having you here too, Ella. You make my days so special," grandma replied and hugged her.

When the sun began to set, they went back to the house. Ella was tired but so happy. She had had a wonderful day with her grandma. They sat on the porch and watched the sunset. The colors in the sky were so beautiful, and Ella felt so grateful for the day.

"Grandma, thank you for a fantastic day. I will never forget it," Ella said.

"It was my pleasure, Ella. You're always welcome here. I love you," grandma replied and hugged her.

Ella went to bed that night with a smile on her face. She dreamed of all the fun things she had done with her grandma and looked forward to the next visit. She knew that every moment with grandma was special and that they had many more adventures ahead.

Ella och Den Stormiga Dagen

Det var en grå och mulen morgon i Ellas lilla by i Sverige. Ella vaknade till ljudet av regndroppar som smattrade mot fönstret. Hon sträckte på sig och tittade ut. Himlen var täckt av mörka moln och vinden blåste kraftigt.

"Mamma, det ser ut som att det blir en storm idag," sa Ella medan hon gick ner till köket för att äta frukost.

"Ja, Ella, det verkar så. Vi får hålla oss inomhus och hitta på något roligt att göra här hemma," svarade hennes mamma och log. "Hur skulle det vara med en pysseldag?"

"Det låter kul!" sa Ella och log tillbaka. Hon älskade att pyssla och skapa saker. Efter frukosten plockade de fram papper, pennor, färger, klister och glitter. De satte sig vid köksbordet och började pyssla.

Medan de satt och skapade, började vinden blåsa ännu starkare. Regnet öste ner och åskan mullrade på avstånd. Ella tittade ut genom fönstret och såg hur träden böjde sig i vinden. "Det ser verkligen ut som en stor storm, mamma," sa hon med stora ögon.

"Ja, men vi är säkra här inne. Och vi har så mycket att göra," sa hennes mamma lugnande. "Vad vill du pyssla nu?"

"Jag vill göra en regnbåge," sa Ella och tog fram sina färger. Hon började måla en stor och färgglad regnbåge på ett papper. Hennes mamma hjälpte henne att klippa ut små moln av vitt papper som de klistrade fast på regnbågens kanter.

"Den är så fin, Ella! Bra jobbat!" sa hennes mamma och kramade henne. "Vill du göra något annat nu?"

"Kan vi baka något?" frågade Ella. Hon älskade att baka lika mycket som hon älskade att pyssla.

"Det är en utmärkt idé! Låt oss baka chokladmuffins," sa hennes mamma. De gick till köket och plockade fram alla ingredienser. Ella hjälpte till att mäta upp mjöl, socker och kakao. Hon rörde om i smeten och fyllde muffinsformarna.

Medan muffinsen gräddades i ugnen, fortsatte stormen utanför. Vinden tjöt och regnet smattrade hårt mot taket. Men inomhus var det varmt och mysigt. Doften av nybakade muffins spred sig i hela huset och Ella kunde knappt vänta på att få smaka.

När muffinsen var klara, tog de ut dem ur ugnen och lät dem svalna lite. Ella och hennes mamma satte sig i vardagsrummet med varsin kopp varm choklad och en nybakad muffins. "Det här är den bästa stormiga dagen någonsin," sa Ella och tog en tugga av sin muffin.

"Jag håller med, Ella. Det är så mysigt att vara inne och göra roliga saker tillsammans," sa hennes mamma och log.

Efter fikat, bestämde de sig för att bygga en koja i vardagsrummet. De tog fram filtar, kuddar och stolar och byggde en stor, mysig koja. Ella kröp in i kojan med några av sina favoritböcker och gosedjur.

"Mamma, kan du läsa en bok för mig?" frågade Ella när hon hade gjort sig bekväm i kojan.

"Självklart, älskling. Vilken bok vill du att jag ska läsa?" svarade hennes mamma.

"Kan du läsa 'Pippi Långstrump'?" frågade Ella och räckte fram boken.

"Det kan jag absolut," sa hennes mamma och började läsa. Ella lyssnade fascinerat på berättelsen om Pippi och hennes äventyr. Utanför fortsatte stormen att rasa, men inne i kojan kändes allt tryggt och säkert.

Efter att ha läst några kapitel, började Ella känna sig trött. Hon lade sig ner på en kudde och kramade sitt gosedjur. "Mamma, jag älskar att ha mysiga dagar med dig," sa hon sömnigt.

"Jag älskar det också, Ella. Du är min favorit att ha mysiga dagar med," svarade hennes mamma och strök henne över håret.

Ella somnade snart, medan regnet fortsatte att smattra mot fönstren och vinden ven utanför. Hon drömde om regnbågar, chokladmuffins och äventyr med Pippi Långstrump.

När Ella vaknade igen, hade stormen lugnat sig lite. Det regnade fortfarande, men vinden hade avtagit. Hon kröp ut ur kojan och gick till fönstret för att titta ut. "Mamma, det ser ut som att stormen håller på att ta slut," sa hon.

"Ja, det verkar så. Men vi kan fortsätta att ha en mysig dag inomhus," svarade hennes mamma. "Vill du spela ett spel?"

"Ja, det vill jag! Kan vi spela memory?" frågade Ella och hämtade sitt favoritspel.

De satte sig vid köksbordet och började spela. De turades om att vända kort och försökte hitta par. Ella var mycket bra på spelet och vann flera omgångar. "Du är verkligen duktig på memory, Ella," sa hennes mamma och skrattade.

"Tack, mamma! Det är så roligt att spela med dig," svarade Ella leende.

När kvällen närmade sig, gjorde de i ordning en enkel middag tillsammans. De åt och pratade om dagen som hade varit. Trots stormen hade de haft en underbar dag full av roliga aktiviteter och mysiga stunder.

Efter middagen satte de sig i soffan och tittade på en film tillsammans. Ella kröp upp i sin mammas famn och kände sig så trygg och glad. "Jag önskar att varje dag kunde vara så här," sa hon och gäspade.

"Det önskar jag också, Ella. Men vi kan alltid hitta på mysiga saker att göra tillsammans, oavsett vädret," svarade hennes mamma och kysste henne på pannan.

När filmen var slut, var det dags för Ella att gå och lägga sig. Hon borstade tänderna och tog på sig sin pyjamas. Innan hon somnade, tänkte hon på allt roligt hon hade gjort den dagen. Stormiga dagar kunde verkligen vara mysiga, så länge man hade någon att dela dem med.

"Mamma, tack för en fantastisk dag," sa Ella medan hon kröp ner under täcket.

"Det var min glädje, Ella. Jag älskar dig," svarade hennes mamma och släckte lampan.

Ella somnade snabbt, drömmande om fler äventyr och mysiga stunder. Hon visste att oavsett vad vädret bjöd på, skulle hon alltid ha sina underbara dagar med sin mamma.

Ella and the Stormy Day

It was a gray and cloudy morning in Ella's small village in Sweden. Ella woke up to the sound of raindrops pattering against the window. She stretched and looked outside. The sky was covered with dark clouds and the wind was blowing strongly.

"Mom, it looks like there's going to be a storm today," Ella said as she went downstairs to the kitchen for breakfast.

"Yes, Ella, it seems so. We'll stay indoors and find something fun to do at home," her mom replied with a smile. "How about a crafting day?"

"That sounds fun!" Ella said, smiling back. She loved crafting and creating things. After breakfast, they brought out paper, pens, paints, glue, and glitter. They sat at the kitchen table and started crafting.

As they sat and created, the wind began to blow even stronger. The rain poured down, and thunder rumbled in the distance. Ella looked out the window and saw the trees bending in the wind. "It really looks like a big storm, Mom," she said with wide eyes.

"Yes, but we are safe inside. And we have so much to do," her mom said reassuringly. "What do you want to craft now?"

"I want to make a rainbow," Ella said, taking out her paints. She began painting a big, colorful rainbow on a piece of paper. Her mom helped her cut out small clouds from white paper, which they glued to the edges of the rainbow.

"It's so pretty, Ella! Great job!" her mom said, hugging her. "Do you want to do something else now?"

"Can we bake something?" Ella asked. She loved baking as much as she loved crafting.

"That's a great idea! Let's bake chocolate muffins," her mom said. They went to the kitchen and brought out all the ingredients. Ella helped measure out the flour, sugar, and cocoa. She stirred the batter and filled the muffin cups.

As the muffins baked in the oven, the storm continued outside. The wind howled, and the rain pounded hard on the roof. But inside, it was warm and cozy. The smell of freshly baked muffins spread throughout the house, and Ella could hardly wait to taste them.

When the muffins were ready, they took them out of the oven and let them cool a bit. Ella and her mom sat in the living room with mugs of hot chocolate and a freshly baked muffin. "This is the best stormy day ever," Ella said, taking a bite of her muffin.

"I agree, Ella. It's so cozy to be inside and do fun things together," her mom said with a smile.

After their snack, they decided to build a fort in the living room. They pulled out blankets, pillows, and chairs, and made a big, cozy fort. Ella crawled into the fort with some of her favorite books and stuffed animals.

"Mom, can you read me a book?" Ella asked as she settled into the fort.

"Of course, sweetheart. Which book would you like me to read?" her mom replied.

"Can you read 'Pippi Longstocking'?" Ella asked, handing her the book.

"I can certainly do that," her mom said and began reading. Ella listened intently to the story about Pippi and her adventures. Outside, the storm continued to rage, but inside the fort, everything felt safe and snug.

After reading a few chapters, Ella started to feel sleepy. She lay down on a pillow and hugged her stuffed animal. "Mom, I love having cozy days with you," she said sleepily.

"I love them too, Ella. You're my favorite person to have cozy days with," her mom replied, stroking her hair.

Ella soon fell asleep while the rain continued to patter against the windows and the wind howled outside. She dreamed of rainbows, chocolate muffins, and adventures with Pippi Longstocking.

When Ella woke up again, the storm had calmed down a bit. It was still raining, but the wind had eased. She crawled out of the fort and went to the window to look outside. "Mom, it looks like the storm is ending," she said.

"Yes, it seems so. But we can keep having a cozy day indoors," her mom replied. "Would you like to play a game?"

"Yes, I'd like that! Can we play memory?" Ella asked, retrieving her favorite game.

They sat at the kitchen table and began to play. They took turns flipping cards and trying to find matching pairs. Ella was really good at the game and won several rounds. "You're really good at memory, Ella," her mom said, laughing.

"Thanks, Mom! It's so much fun to play with you," Ella said with a smile.

As evening approached, they prepared a simple dinner together. They ate and talked about the day they had. Despite the storm, they had enjoyed a wonderful day full of fun activities and cozy moments.

After dinner, they settled on the couch and watched a movie together. Ella snuggled up in her mom's lap and felt so safe and happy. "I wish every day could be like this," she said, yawning.

"I wish that too, Ella. But we can always find fun things to do together, no matter the weather," her mom said, kissing her on the forehead.

When the movie was over, it was time for Ella to go to bed. She brushed her teeth and put on her pajamas. Before she fell asleep, she thought about all the fun things she had done that day. Stormy days could really be cozy, as long as you had someone to share them with.

"Mom, thank you for a wonderful day," Ella said as she snuggled under her blanket.

"It was my pleasure, Ella. I love you," her mom replied, turning off the light.

Ella fell asleep quickly, dreaming of more adventures and cozy times. She knew that no matter what the weather was like, she would always have her wonderful days with her mom.

Ella och Hennes Vänner

Det var en solig lördag i Ella's lilla by i Sverige. Ella vaknade tidigt och såg att det var en perfekt dag för utomhuslek. Hon sprang ner till köket där hennes mamma stod och lagade frukost. "Mamma, kan jag gå ut och leka med mina vänner idag?" frågade Ella förväntansfullt.

"Ja, det kan du. Men kom ihåg att ta med dig din vattenflaska och solskyddsmedel," svarade hennes mamma med ett leende.

"Jag ska!" sa Ella och åt snabbt sin frukost. Efter att ha ätit och klätt på sig sin favorittröja och shorts, gick hon ut genom dörren. Solen lyste och fåglarna kvittrade. Ella gick till parken där hon visste att hennes vänner skulle vara.

När hon kom fram, såg hon Mia och Leo som redan var där. Mia var en vänlig och kreativ tjej som alltid hade bra idéer, och Leo var en energisk kille som älskade att spela fotboll. De såg Ella och vinkade glatt.

"Hej Ella!" ropade Mia. "Vi har planerat att bygga ett stort sandslott idag. Vill du vara med?"

"Ja, det låter superkul!" svarade Ella och sprang över till dem. Tillsammans började de gräva i sandlådan och bygga det största sandslottet de någonsin hade gjort. De använde hinkar och spadar för att forma torn och murar. Ella och Mia dekorerade sandslottet med snäckor och stenar som de hade samlat, medan Leo grävde en stor grav runt slottet.

"Det ser fantastiskt ut!" sa Leo och lade till en liten bro av pinnar över graven. "Vi ska bygga en flagga också. Vad tycker ni?"

"En flagga är en jättebra idé!" sa Mia och plockade några grenar och ett stycke tyg från sin ryggsäck. De band ihop det och satte flaggan på det högsta tornet. Sandslottet såg verkligen majestätiskt ut med den viftande flaggan.

Efter att ha byggt klart sandslottet, kände de sig hungriga och bestämde sig för att ha en picknick. De satte sig på en filt som Mia hade tagit med sig och plockade fram smörgåsar, frukt och saft från sina ryggsäckar. De åt och pratade om allt möjligt, från skolan till de senaste tv-programmen de hade sett.

"Det är så kul att vara här med er," sa Ella och tog en bit av sin smörgås. "Vad ska vi göra nästa gång vi träffas?"

"Vi borde ha en scavenger hunt!" föreslog Leo entusiastiskt. "Vi kan göra en lista med saker att hitta i parken och så ser vi vem som kan hitta flest."

"Det låter som en bra idé!" sa Mia. "Vi kan planera det till nästa helg. Men nu, vad säger ni om att spela en omgång fotboll?"

"Ja, jag är på!" svarade Ella och de städade snabbt undan picknick-sakerna och började spela fotboll på den öppna gräsmattan.

De spelade och skrattade i flera timmar. Ella och Leo var på samma lag, och Mia spelade på det andra laget. Det var jämnt, och de hade så kul att de knappt märkte att solen började gå ner. Till slut satte de sig på gräsmattan, andfådda och glada.

"Det var en fantastisk dag," sa Mia och såg på sina vänner. "Vi borde göra det här oftare."

"Ja, verkligen. Jag älskar att vara ute och ha roligt med er," sa Ella och kramade både Mia och Leo.

De började plocka ihop sina saker och förberedde sig för att gå hem. Ella tackade Mia och Leo för en underbar dag och lovade att se dem nästa helg för scavenger hunt. De gick alla hemåt, trötta men glada efter en dag fylld med lek och skratt.

När Ella kom hem, berättade hon för sin mamma om allt det roliga hon hade haft med sina vänner. Hennes mamma lyssnade och log. "Det låter som att du har haft en fantastisk dag, Ella. Jag är glad att du har så fina vänner."

"Ja, det har jag verkligen," svarade Ella och satte sig vid köksbordet för att äta middag. "Vi ska ha en scavenger hunt nästa helg. Det kommer att bli så kul!"

Efter middagen, när Ella låg i sängen och förberedde sig för att sova, tänkte hon på dagen. Hon kände sig så glad och tacksam för sina vänner och alla roliga stunder de hade tillsammans. Ella visste att varje dag med dem var ett äventyr och att de alltid skulle ha något nytt att hitta på.

"Mamma, tack för att jag fick vara ute hela dagen. Det var verkligen en perfekt dag," sa Ella innan hon somnade.

"Det var min glädje, Ella. Jag är så glad att du har haft en sådan bra dag," svarade hennes mamma och kysste henne godnatt.

Ella somnade snart med ett leende på läpparna och drömde om de framtida äventyren med sina vänner. Hon visste att varje dag med dem var en chans till nya upptäckter och roliga stunder. Och hon såg fram emot att skapa fler minnen tillsammans.

Ella and Her Friends

I t was a sunny Saturday in Ella's small village in Sweden. Ella woke up early and saw that it was a perfect day for outdoor play. She ran down to the kitchen where her mom was making breakfast. "Mom, can I go outside and play with my friends today?" Ella asked eagerly.

"Yes, you can. But remember to bring your water bottle and sunscreen," her mom replied with a smile.

"I will!" said Ella and quickly ate her breakfast. After getting dressed in her favorite t-shirt and shorts, she went out the door. The sun was shining, and the birds were singing. Ella walked to the park where she knew her friends would be.

When she arrived, she saw Mia and Leo already there. Mia was a friendly and creative girl who always had great ideas, and Leo was an energetic boy who loved playing soccer. They saw Ella and waved happily.

"Hi Ella!" Mia called out. "We've planned to build a big sandcastle today. Do you want to join us?"

"Yes, that sounds super fun!" Ella replied and ran over to them. Together, they began digging in the sandbox and building the largest sandcastle they had ever made. They used buckets and spades to shape towers and walls. Ella and Mia decorated the sandcastle with shells and stones they had collected, while Leo dug a large moat around the castle.

"It looks fantastic!" Leo said, adding a little bridge made of sticks over the moat. "We should make a flag too. What do you think?"

"A flag is a great idea!" Mia said, picking out some twigs and a piece of cloth from her backpack. They tied it together and placed the flag on the highest tower. The sandcastle looked truly majestic with the waving flag.

After finishing the sandcastle, they felt hungry and decided to have a picnic. They laid out a blanket Mia had brought and took out sandwiches, fruit, and juice from their backpacks. They ate and talked about everything from school to the latest TV shows they had seen.

"It's so nice being here with you guys," Ella said, taking a bite of her sandwich. "What should we do the next time we meet?"

"We should have a scavenger hunt!" Leo suggested enthusiastically. "We can make a list of things to find in the park and see who finds the most."

"That sounds like a great idea!" Mia agreed. "We can plan it for next weekend. But for now, how about we play a game of soccer?"

"Yes, I'm in!" Ella said, and they quickly cleaned up the picnic items and started playing soccer on the open field.

They played and laughed for hours. Ella and Leo were on the same team, and Mia played on the other team. It was a close game, and they had so much fun that they barely noticed the sun starting to set. Eventually, they sat down on the grass, out of breath and happy.

"It's been an amazing day," Mia said, looking at her friends. "We should do this more often."

"Yes, definitely. I love being outside and having fun with you," Ella said, hugging both Mia and Leo.

They began packing up their things and getting ready to go home. Ella thanked Mia and Leo for a wonderful day and promised to see them next weekend for the scavenger hunt. They all headed home, tired but happy after a day full of play and laughter.

When Ella got home, she told her mom all about the fun she had with her friends. Her mom listened and smiled. "It sounds like you had a fantastic day, Ella. I'm glad you have such great friends."

"Yes, I really did," Ella replied, sitting at the kitchen table for dinner. "We're going to have a scavenger hunt next weekend. It's going to be so much fun!"

After dinner, as Ella lay in bed preparing to sleep, she thought about the day. She felt so happy and grateful for her friends and all the fun times they shared. Ella knew that every day with them was an adventure and that they would always have something new to do.

"Mom, thanks for letting me be outside all day. It was really a perfect day," Ella said before falling asleep.

"It was my pleasure, Ella. I'm so glad you had such a great day," her mom replied, kissing her goodnight.

Ella fell asleep quickly with a smile on her face, dreaming of future adventures with her friends. She knew that every day with them was a chance for new discoveries and fun times. And she looked forward to creating more memories together.

www.ingramcontent.com/pod-product-compliance
Lightning Source LLC
Chambersburg PA
CBHW052238150726
48002CB00003B/1479